SARGENT / Scuola di

SARGENT / Paul Helleu Sketchi

SARGENT / A Dinner Table at Night

SARGENT / Madame Roger-Jourdain

S A R G E N T
Doctor Pozzi at Home

S A R G E N T
A Morning Walk

S A R G E N T
Mrs. Carl Meyer and Her Children

S A R G E N T
Jacques-Emile Blanche

SARGENT
Lord Dalhousie

SARGENT
Mrs. Frank Millet

SARGENT
Miss Helen Dunham

SARGENT
Frederick Law Olmsted

S A R G E N T
Madame Gautreau *(unfinished copy)*

S A R G E N T
Lady Agnew of Lochnaw

S A R G E N T
Emily Sargent

S A R G E N T
Madame Paul Poirson

40606-7